Pour être tenu au courant de nos publications,
envoyez vos coordonnées à : edition@laplage.fr
www.laplage.fr

ISBN : 978-2-84221-580-4

Conception graphique : David Cosson – dazibaocom.com
Lecture-correction : Isabelle Delatour Nicloux
Photogravure : Christophe Girard

FSC
MIXTE
Papier
FSC® C112206

Imprimé à Barcelone sur du papier FSC® (issu de forêts gérées de façon responsable), par Beta, un imprimeur labellisé pour ses pratiques respectueuses de l'environnement.

25 GAUFRES VEGAN

Clémence Catz

Photographies de
LAURA VEGANPOWER

éditions La plage

SOMMAIRE

INTRODUCTION

LA GAUFRE : TOUTE UNE HISTOIRE !

Il y a tant de légendes à son sujet qu'il est difficile de retracer précisément l'origine de la gaufre... Au Moyen Âge, l'« oublie » était une petite pâtisserie dérivée de l'hostie, cuite entre deux fers puis roulée finement et décorée d'images pieuses, que l'on distribuait sur le parvis des églises. Au 13e siècle, un forgeron ayant inventé un moule alvéolé qui leur donnait une forme évoquant le rayon de miel (ou *walfre* en vieux français), on la renomma « gaufre ». La recette était alors bien loin de celle que l'on connaît aujourd'hui : de la farine rustique (de sarrasin en hiver et de froment pendant les fêtes), du sel, de l'eau... et c'est tout ! On versait cette pâte liquide dans le moule, que l'on plaçait ensuite sur le feu. Très populaire, la gaufre était alors vendue dans les rues les jours de fête, mais remplaçait aussi à l'occasion le pain dans les assiettes paysannes. Ce n'est qu'au 18e siècle que la recette s'enrichit d'œufs, de sucre ou de miel, de lait et de « fleur de farine », plus fine et délicate. Elle développa alors de multiples variantes, principalement issues du Nord de la France et de Belgique, dont le goût et la texture sont déterminés par les ingrédients et le type de moule utilisés. Mais attention, n'insinuez jamais devant un Liégeois, un Bruxellois ou un Lillois que leurs gaufres se ressemblent ! Et pour cause :

- **La gaufre de Bruxelles,** également surnommée « gaufre de foire », reste probablement la plus célèbre, avec sa forme rectangulaire caractéristique et ses alvéoles carrées. Croustillante et légère, elle est réalisée avec de la farine, de la levure, du lait, des œufs, de la matière grasse et du sucre. Une variante classique propose de remplacer la levure par des blancs en neige afin d'obtenir un résultat aérien et particulièrement léger. Dans tous les cas, la pâte étant assez fluide, il est d'usage de retourner les plaques pendant la cuisson pour une répartition bien homogène. Elle est souvent servie avec un peu de sucre glace, de chocolat fondu ou de crème Chantilly, mais on peut également en faire un plat salé !

- **La gaufre liégeoise** est plus petite, de forme ovale et aux bords irréguliers. Sa pâte, plus dense, évoque un peu la brioche, puisqu'on la fait lever doucement avec de la levure de boulanger et non de la poudre à lever. D'ailleurs, la légende raconte qu'elle fut inventée par le cuisinier du Prince de Liège qui, ayant reçu l'ordre d'inventer « quelque chose de savoureux et de sucré », tenta de cuire une brioche dans un gaufrier. Elle est traditionnellement garnie de morceaux de sucre perlé, qui caramélisent doucement pendant la cuisson.

- **La gaufre sèche du Nord,** ou gaufrette, est une spécialité lilloise qui rappelle le biscuit : moelleuse et très fine car cuite entre des plaques beaucoup plus serrées (surnommées « fer à oublie », tiens tiens...), elle peut se conserver plusieurs jours dans une boîte en métal. De nombreuses recettes proposent de la fourrer avant de la refermer, généralement avec une crème à base de vergeoise ou de vanille, origine ch'ti oblige. Sa variante dunkerquoise, offerte traditionnellement pendant les fêtes de fin d'année, est plus croustillante et développe des arômes de cannelle et de caramel grâce à la vergeoise blonde (communément appelée cassonade) qui entre dans sa composition.

À l'ère de la *street food* et du *foodporn*, la gaufre est aujourd'hui plus branchée que jamais, surtout dans ses versions vegan et alternatives (sans gluten, *healthy*...), recouverte de toppings et de plus en plus gourmande. Les *food trucks* et les bars à gaufres ouvrent un peu partout, et de nouvelles tendances, comme la *bubble waffle* – un OVNI chinois sur lequel les creux sont remplacés par des gonflements de pâte, le tout roulé en cornet et garni de crème glacée, fruits ou autres garnitures sucrées – jouent les stars sur Instagram.

INTRODUCTION

LE GAUFRIER

L'ancêtre du gaufrier était un moule à charnière, équipé de deux plaques en fer, que l'on remplissait de pâte avant de le disposer sur le poêle – ou, plus tard, sur le gaz. Popularité oblige, il a beaucoup évolué, surtout ces dernières années, et l'on trouve désormais des appareils très technologiques, permettant de choisir texture et forme de la gaufre selon son envie. Selon votre budget et votre consommation, vous aurez le choix entre le premier prix, tout à fait honnête mais dont le fonctionnement basique n'offre pas toujours beaucoup d'alternatives ; le semi-professionnel, avec lequel vous pourrez déterminer la couleur (de claire à foncée) et la texture (moelleuse ou croustillante) de la gaufre grâce à un thermostat réglable ou un tableau de bord ; et des modèles professionnels permettant de produire de grandes quantités de gaufres d'une qualité irréprochable en peu de temps, plus onéreux et encombrants.

Dans tous les cas, la plupart des gaufriers pivotent désormais sur eux-mêmes afin d'assurer une bonne répartition de la pâte en un tour de main et ils sont tous munis (à ma connaissance) de plaques anti-adhésives. De nombreux appareils proposent aussi plusieurs jeux de plaques, permettant de passer en un clic de la gaufre de Bruxelles (format classique, mini ou en forme de cœurs) à la gaufrette, sans parler des options « croque-monsieur » et panini, bien pratiques au quotidien. Certains modèles détectent également le degré d'humidité de la pâte et sonnent lorsque la gaufre a atteint la texture idéale : adieu le minuteur à relancer entre chaque fournée ! Si malgré tout le gaufrier ne vous tente pas, sachez qu'il existe des moules destinés à la cuisson au four, mais ils demandent un peu plus d'attention, pour un résultat sensiblement différent !

Si vous possédez un gaufrier avec option gaufres « moelleuses » ou « croustillantes », sachez juste que la première est obtenue grâce à une cuisson rapide (elle restera ainsi moelleuse à l'intérieur, mais croustillante à l'extérieur), tandis que la seconde nécessite une cuisson plus lente pour cuire complètement et « croustiller » de partout. Je vous conseille donc de privilégier la cuisson rapide pour les gaufres légères et la plus longue pour les recettes alternatives à base de céréales complètes, de pommes de terre ou de purée de légumes par exemple, qui nécessitent une cuisson à cœur.

Côté temps de cuisson, la durée varie selon le gaufrier. Avec mon Lagrange, je compte 10 minutes de préchauffage, puis 2 à 3 minutes de cuisson environ dans le cas des gaufres de Bruxelles (un peu plus pour celles de Liège ou les gaufrettes). Évidemment, tout dépend du réglage de l'appareil, de la composition de la pâte, du nombre de gaufres que vous pourrez faire cuire ensemble dans l'appareil… et du nombre de convives !

Enfin, n'oubliez pas que la réussite de vos gaufres dépend de votre coup de main : lorsque les plaques sont bien chaudes et huilées, les recouvrir de pâte, refermer l'appareil, attendre quelques secondes, puis le retourner sur son axe et laisser cuire le temps indiqué par le fabricant, ou jusqu'au bip indiquant la fin de cuisson. Retourner à nouveau l'appareil et démouler délicatement.

Pour le nettoyage, trempez vos plaques 5 minutes dans un bac d'eau chaude additionnée d'un peu de produit vaisselle, passez une éponge (côté doux pour ne pas abîmer le revêtement anti-adhésif) et laissez-les bien sécher à l'air libre avant de replacer sur l'appareil. Vous pouvez nettoyer celui-ci avec une éponge légèrement humide, mais ne le trempez jamais dans l'eau !

INTRODUCTION

LES GAUFRES VEGAN

Pourquoi réutiliser indéfiniment la même recette de gaufre, alors que l'on peut varier la garniture et la composition de la pâte à chaque fournée ? C'est particulièrement le cas avec les gaufres végétales, dans lesquelles les composants traditionnels sont remplacés par toutes sortes d'ingrédients alternatifs et ludiques, de l'aquafaba aux beurres d'oléagineux, en passant par les flocons de céréales et les purées de légumes. Dans ces 25 recettes vegan et *healthy*, les gaufres sucrées et salées s'enrichissent ainsi de saveurs étonnantes, prennent de drôles de formes (sucettes, tacos ou mini-galettes apéritives)... et des couleurs à faire pâlir d'envie les gaufres « ordinaires » !

En général, la gaufre est composée de farine de blé, de beurre, de lait, de sucre et d'œufs. Beaucoup de produits d'origine animale donc, mais rassurez-vous, tous remplaçables facilement et avec succès grâce à de nombreuses options végétales – ce qui offre, en outre, l'immense avantage de pouvoir varier à l'infini la saveur et la texture des gaufres.

Commençons par le plus facile : l'**œuf** n'est absolument pas indispensable et peut tout à fait être carrément supprimé, sauf dans les recettes où son blanc est utilisé pour la légèreté et le croustillant qu'il apporte aux gaufres. Dans ce cas, l'aquafaba (eau de cuisson des pois chiches) monté en neige remplit parfaitement ce rôle (voir la recette des Véritables gaufres de foire à l'aquafaba, page 20). On peut aussi ajouter un peu de tofu soyeux, voire un œuf de chia (mélanger 1 cuillerée à soupe de graines avec 40 ml d'eau, attendre 10 minutes que le mélange prenne) à sa recette pour une meilleure tenue de la pâte. Et pour retrouver une belle dorure digne des meilleures pâtisseries traditionnelles, une pincée de safran ou de curcuma, ni vu ni connu !

N'essayez pas en revanche de vous passer de **matières grasses** : outre le moelleux et la saveur qu'elles donnent à la pâte, elles permettent aussi à celle-ci de bien se tenir et de ne pas se briser lors de la cuisson – et je ne parle même pas du démoulage ! Heureusement, le beurre est tout à fait substituable par l'infinie variété des matières grasses fournies par la cuisine végétale :

- **Les huiles végétales d'olive et de coco** sont celles que j'utilise le plus souvent, mais il existe plein d'autres saveurs qui transmettront leur singularité olfactive à la pâte : sésame, noisette, argan... attention cependant, peu d'huiles sont réellement adaptées aux hautes températures (un gaufrier monte généralement autour des 220 °C), et je préfère, la plupart du temps, incorporer ces dernières dans une sauce ou un *dip* après cuisson.
- **La margarine** est bien utile également lorsque l'on recherche une texture très moelleuse, ou dans les recettes de pâte épaisse demandant un pétrissage, comme celles de Liège. Là encore, choisissez une margarine adaptée à la cuisson et attention à la liste des ingrédients, pas toujours très éthique !
- **Les purées d'oléagineux** sont une autre excellente façon de remplacer le beurre dans une pâte à gaufre, qu'elles soient utilisées seules ou mélangées à une huile végétale. La plus polyvalente reste celle d'amande blanche, mais faites-vous plaisir avec celles de noisette, d'amande complète, de cajou, de sésame ou de cacahuète. Et comme elles sont tout à fait substituables entre elles, vous pourrez remplacer l'une par l'autre dans toutes les recettes de ce livre. Notez tout de même que les purées d'amande, noisette et cacahuète sont plutôt adaptées aux recettes sucrées, tandis que celles de sésame et de cajou, plus polyvalentes, conviennent à tous types de gaufres.
- Il est aussi possible de remplacer le beurre par **une purée de fruits ou de légumes**, à laquelle je préfère tout de même ajouter une lichette de matière grasse pour la texture et le parfum : bananes écrasées, purée de courge ou compote de pomme sont une excellente façon de parfumer la pâte, de l'alléger... et de finir les restes !
- Enfin, **la crème végétale** peut parfaitement faire office de matière grasse, tout comme le lait de coco qui a un profil lipidique particulièrement élevé – surtout celui en boîte.

Le lait de vache est sans doute l'ingrédient pâtissier non vegan le plus simple à remplacer : il suffit d'utiliser, sans rien changer à la recette, les merveilleux « **laits » végétaux** à base de céréales ou d'oléagineux. Dans les recettes de gaufres, j'utilise surtout les laits d'amande, de soja et de coco, pour leur densité et la rondeur de leurs arômes, mais vous pouvez aussi tester le lait de noisette dans les recettes sucrées (une merveille avec le chocolat, les courges, le sarrasin, la vanille et autres épices douces), le lait de coco pour son crémeux (en boîte, il est si riche qu'il peut alors quasiment remplacer les matières grasses), celui d'avoine dans les recettes sucrées ou salées pour son arôme subtil et, bien sûr, les boissons déjà parfumées (au chocolat ou à la vanille généralement), à condition de diminuer un peu les quantités de sucre dans la recette. Si je ne suis pas vraiment convaincue par le lait de riz, trop aqueux et qui donne une pâte un peu collante, je vous conseille vivement de tester des laits plus rares si vous en croisez sur votre chemin : ceux de millet ou de sarrasin valent vraiment le détour ! Enfin, si vous possédez un bon blender, tentez au moins une fois l'expérience des gaufres au lait végétal *homemade* – mon petit préféré : 80 g de noix de cajou nature et non grillées trempées pendant 4 heures dans de l'eau fraîche, puis rincées et mixées longuement avec 400 ml d'eau, une pincée de sel et une autre de vanille. Incomparable.

C'est, à mon avis, du côté des **farines et céréales** que vous trouverez le plus de variations : si vous possédez un gaufrier de bonne qualité, vous pourrez faire des gaufres avec à peu près tout, des farines avec ou sans gluten aux céréales cuites ou simplement trempées une nuit pour la version *healthy*, en passant par les flocons ou, bien sûr, les oléagineux en poudre (amande et noisette principalement).

Je réalise généralement mes gaufres vegan avec une base de farine de blé bise ou de petit épeautre, dont la teneur en gluten permet de compenser l'absence d'œuf, à laquelle j'ajoute parfois un peu d'une farine plus typée (sarrasin, châtaigne, quinoa...). Il est cependant tout à fait possible de réaliser des gaufres *gluten free* avec des farines adaptées telles que celle de pois chiche, très liante, ou en mélangeant plusieurs variétés : mon mélange type dans ce cas reste 1/3 de farine de riz complet + 1/3 de farine de maïs + 1/3 de farine typée au choix. Dans tous les cas et surtout dans celui des gaufres sans gluten, n'oubliez pas la fécule, qui garantit liant et légèreté : ma grande favorite reste l'arrow-root, extrêmement efficace et neutre de goût (en magasins bio), mais les fécules de maïs ou de pomme de terre fonctionnent aussi très bien, à condition d'aimer leur parfum et d'en augmenter légèrement les doses (comptez 40 à 50 g environ pour 200 g de farine). La poudre à lever est elle aussi indispensable dans quasiment toutes les recettes de gaufres vegan, car elle apporte gonflant et légèreté à la pâte – rôle traditionnellement rempli par

les blancs en neige. Enfin, n'hésitez pas à moudre vos farines vous-même si vous en avez le temps et l'équipement adéquat, c'est l'assurance de farines fraîches, plus riches en goût et nutriments. J'aime particulièrement la farine fraîche de sarrasin, que je réalise avec des graines préalablement toastées quelques minutes dans une poêle à sec : son parfum est incomparable !
Si vous êtes d'humeur aventurière et que vous souhaitez sortir un peu des sentiers battus, vous pouvez aussi troquer la farine pour des flocons (avoine, millet, légumineuses, sarrasin…), qu'il suffira de réhydrater dans le lait végétal de la recette avant de finaliser la pâte et de la faire cuire. Autre option, un reste de céréales déjà cuites (riz, polenta, quinoa, amarante…) pour des gaufres complètes à la texture inimitable, fondantes à cœur et croustillantes sur l'extérieur. Dernière variante céréalière : les céréales activées, dénommées ainsi car elles sont d'abord « réveillées » par quelques heures de trempage dans l'eau fraîche et ne nécessitent pas de cuisson préalable avant le passage au moule à gaufres. Un peu magiques… et surtout très saines et digestes (voire la recette des Super *healthy* gaufres aux céréales activées page 32).

Dans le cas des **gaufres sucrées**, fuyez le sucre blanc et faites-vous plaisir en alternant sucre blond (passe-partout avec son parfum relativement neutre et sa couleur claire), sucres intégral et de coco (des sucres complets riches en minéraux au petit arôme de caramel), ou sirops d'érable, de riz, de coco, de datte ou d'agave selon les goûts ! Version 100 % naturelle, foncez sur les dattes, qui donneront un étonnant parfum caramélisé à vos gaufres – pensez juste à choisir une variété très tendre (du type Medjool) et à les attendrir préalablement 10 minutes dans un peu d'eau chaude si besoin.

Last but not least : **la garniture**. C'est bien beau d'ajouter un pincée de vanille ou de cannelle à sa pâte à gaufre, mais saviez-vous qu'on pouvait aussi la garnir de morceaux de fruits ou de pépites de chocolat, de purée de légumes, de petites graines ou d'herbes fraîches aromatiques ? Un petit conseil tout de même : évitez de laisser trop de garniture en contact avec les plaques pour ne pas la faire brûler – c'est particulièrement le cas des pépites de chocolat ou des morceaux de fruits secs. Et ne négligez pas non plus les toppings : plus il y en a, meilleur c'est ! Dans ce livre, vous trouverez d'ailleurs plein de petites recettes en plus pour des gaufres vraiment très gourmandes : chantilly et crème glacée végétale, pâte à tartiner au chocolat, pesto maison… À vous ensuite de créer les vôtres !

INTRODUCTION

ASTUCES POUR RÉUSSIR SES GAUFRES

Les gaufres, c'est comme les crêpes : facile. *A priori*. Parce qu'il vaut quand même mieux connaître les quelques règles de base suivantes :

- On mélange ses ingrédients secs, puis on ajoute le liquide choisi petit à petit tout en fouettant vivement. Indispensable pour limiter les grumeaux. Si malgré vos efforts, la pâte n'est pas parfaitement lisse, donnez-lui un petit coup de mixeur plongeant.
- Ne lésinez pas sur la matière grasse. C'est vrai, c'est tentant de se contenter d'un filet d'huile dans la pâte. Mais les gaufres *lights* sont aussi plus fragiles et se brisent à la sortie du gaufrier. 40 g de matière grasse pour 200 g de farine semble être un minimum pour une bonne tenue et le moelleux tant attendu.
- Sauf envie urgente, ne zappez pas le temps de repos, car c'est lui qui aide la levure à faire son œuvre pour des gaufres légères et moelleuses. C'est encore plus vrai dans le cas des gaufres de Liège, dont la pâte doit subir une (voire deux) levée(s) longue(s) avec de la levure de boulanger.
- Malgré les plaques anti-adhésives, vous ne passerez pas non plus à côté du graissage, au moins sur les deux premières fournées, car les gaufres doivent pouvoir se démouler parfaitement pour conserver leur jolie forme. J'alterne généralement entre l'huile d'olive, l'huile neutre « spéciale cuisson » et l'huile de coco. La margarine végétale peut être utilisée également à condition de supporter la cuisson, mais il vaut mieux la faire fondre préalablement. Les plaques ne doivent être graissées qu'une fois l'appareil préchauffé et prêt pour la cuisson : attention aux pinceaux classiques, qui se brûleront vite les poils. J'ai investi dans un petit pinceau en silicone spécial cuisine que je réserve uniquement à cet effet. J'ai aussi en permanence une petite coupelle remplie d'huile à côté de mon gaufrier, pour ne pas courir fouiller dans mes placards au moment où mon appareil est (enfin) chaud.

- Un autre conseil : utilisez une louche pour verser la pâte dans le gaufrier sans en répandre partout – pour ce livre, j'ai utilisé une mini-louche à blinis, c'est pourquoi les quantités indiquées pour chaque recette correspondent souvent à des gaufres qui ne remplissent pas complètement les alvéoles du gaufrier. Je compte en revanche 2 gaufres par personne en moyenne.
- Démoulez vos gaufres avec précaution – j'utilise les pointes d'une fourchette pour en décoller délicatement les bords, puis je les fais glisser doucement dans une assiette.
- Sachez que plus il y a de sucre dans la pâte, plus la gaufre sera croustillante. Rassurez-vous, il y a d'autres méthodes pour obtenir ce résultat, comme par exemple l'utilisation d'eau gazeuse ou de bière, voire même de kombucha pour les addicts : très efficace et totalement bluffant (voire la recette des Crousti-gaufres à la bière, page 30). J'ai choisi de réaliser la grande majorité des gaufres de ce livre avec un mélange liquide 100 % lait végétal, car je les aime denses et moelleuses. Si votre préférence va aux gaufres légères et croustillantes, coupez donc une partie du « lait » par de l'eau plate ou gazeuse – et superposez-les sur une grille à la sortie du gaufrier pour conserver tout leur croquant.
- De façon générale, la gaufre est toujours plus croustillante en sortant du gaufrier : elle commence ensuite à ramollir légèrement. Et si vous attendez jusqu'au lendemain, elle sera à la fois plus molle et plus dure ! En un mot, mieux vaut se jeter dessus à la sortie du gaufrier et en préparer la juste dose.

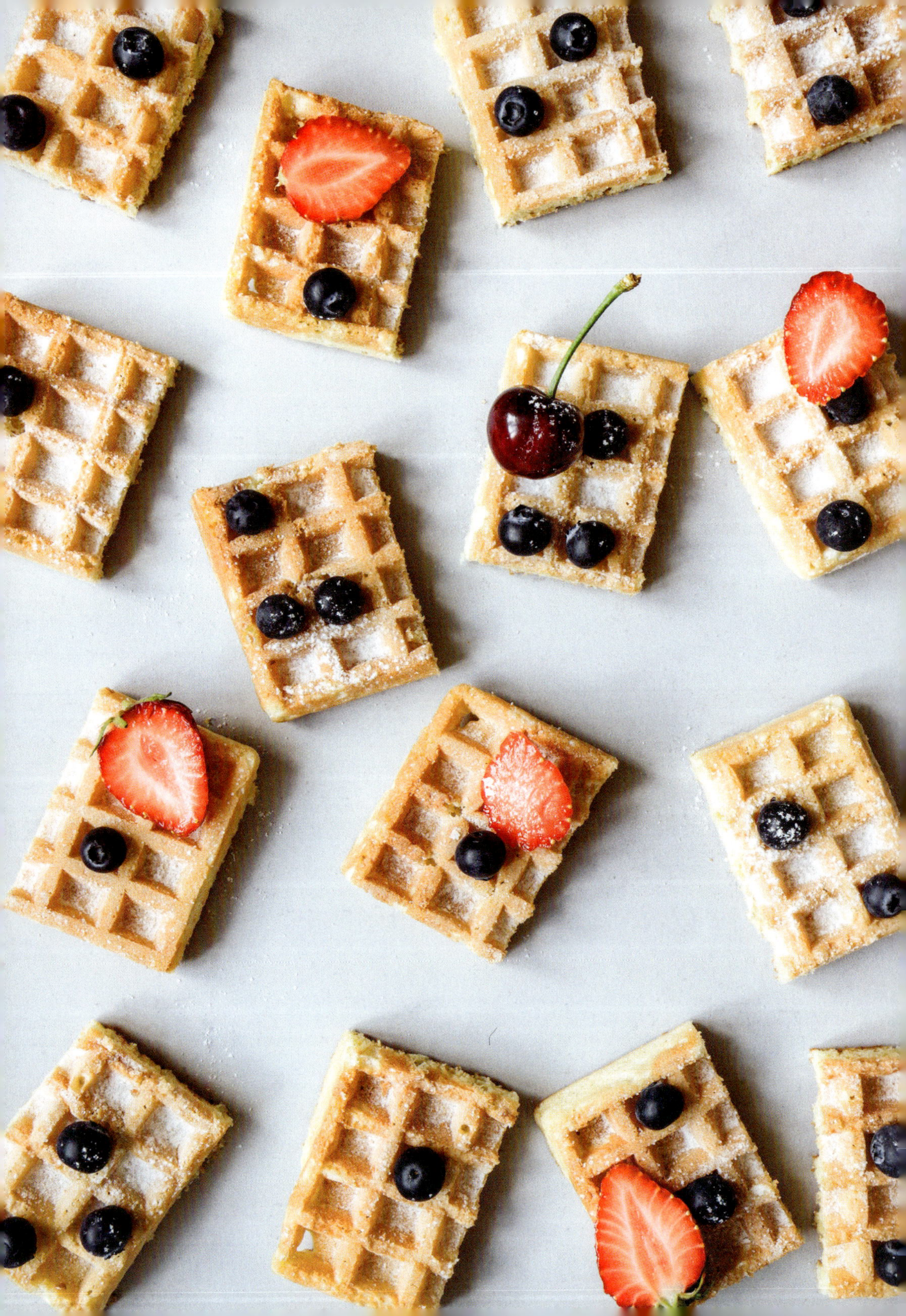

INTRODUCTION

CONSERVATION, RÉCHAUFFAGE ET RECYCLAGE

Si toutefois vous souhaitez conserver vos gaufres pendant quelques heures, voire plus, il existe différentes options :
Quelques heures après cuisson, vous pouvez les réchauffer au four pour leur redonner un petit coup de pep. Si vous voulez leur redonner du croustillant, 5 minutes à four chaud suffiront, tandis qu'une cuisson plus longue à la chaleur douce (150 °C environ) les réchauffera à cœur avec plus de moelleux. Autre solution des matins pressés, le grille-pain, très pratique quand notre conscience écologique (et notre montre) nous suggère de ne pas allumer le four pour une ou deux gaufres. Enfin, vous pouvez tout à fait congeler vos gaufres : comme pour le pain, il vaut alors mieux procéder lorsqu'elles sont fraîches. Disposez-les sur un plateau sans qu'elles se chevauchent, placez-les au congélateur pour quelques heures puis enfermez-les dans un sac congélation. À consommer dans les deux mois après un passage au four, sans décongélation préalable.

Enfin, le recyclage dépend, bien sûr, de vos envies et de votre inventivité. Vous pouvez réaliser des « gaufres perdues » (voire encadré), comme pour le pain ou la brioche, émietter vos restes de gaufres salées sur un bol de soupe, en faire un sandwich (en utilisant les plaques à croque-monsieur de votre gaufrier s'il en possède et si vos gaufres ne sont pas trop épaisses), des croûtons sur une salade (après les avoir poêlées quelques minutes dans un peu de matière grasse) ou les remixer carrément dans une pâte à cake salé ou sucré.

GAUFRES PERDUES

Tremper les gaufres dans du lait de soja (à la vanille si souhaité) pendant une dizaine de secondes, puis les faire revenir à la poêle avec un peu d'huile de coco fondue, quelques minutes de chaque côté, jusqu'à ce qu'elles commencent à dorer. Arroser de sirop d'érable, laisser caraméliser encore une petite minute et servir telles quelles ou avec les toppings souhaités.

LES SUCRÉES

VÉRITABLES GAUFRES DE FOIRE À L'AQUAFABA

Voici de véritables gaufres de foire… version vegan. Leur petit secret : l'aquafaba, qui leur donne à la fois moelleux, croustillant et légèreté, comme les blancs d'œufs en neige de la recette originale. Commentaire de mon petit goûteur : « On dirait celles de la fête foraine ! » Pour un effet encore plus « aquafadabra », préparez double dose de chantilly et servez l'excédent sur les gaufres !

POUR UNE DIZAINE DE GAUFRES

• 170 g de farine de blé T65 • 30 g d'arrow-root • 20 g de sucre blond • 250 ml de lait de soja ou d'amande • 80 ml d'huile d'olive • 60 g d'aquafaba* • ½ c. à café de jus de citron • 30 g de sucre glace (ou de sucre blond moulu très finement) • Au choix : ½ c. à café de vanille, gingembre ou cannelle en poudre, 2 gouttes d'huile essentielle d'orange douce

Mélanger la farine avec la fécule, le sucre, la vanille (le gingembre ou la cannelle) et une pincée de sel. Ajouter le lait et l'huile (et l'huile essentielle si c'est l'arôme que vous avez choisi) petit à petit tout en remuant, jusqu'à l'obtention d'une préparation homogène. Réserver. À la main ou au fouet électrique, monter l'aquafaba en neige avec le jus de citron, pendant quelques minutes. Lorsque la préparation commence à prendre, ajouter le sucre glace et laisser battre à pleine puissance encore quelques minutes, jusqu'à l'obtention de « blancs » bien fermes. Les incorporer très délicatement avec une maryse à la préparation précédente, puis faire cuire immédiatement dans un gaufrier, en huilant les plaques de cuisson avec de l'huile neutre ou de la margarine.

* L'aquafaba, c'est l'eau de cuisson des pois chiches, qui se trouve être un excellent substitut au blanc d'œuf. Vous pouvez récupérer celle d'une boîte ou d'un bocal ou, plus nutritionnellement correct, le préparer vous-même avec l'eau de cuisson de pois chiches frais que vous ferez ensuite réduire à feu doux. Rassurez-vous, l'aquafaba est totalement neutre de goût ! Pour apprendre à réaliser mousses sucrées ou salées, meringues et tiramisu vegan, je vous conseille l'excellent livre de Sébastien Kardinal et Laura VeganPower, *Aquafaba*, aux éditions La Plage.

LES SUCRÉES

GAUFRES DE LIÈGE
NOISETTE ET VANILLE

Très différentes des gaufres de Bruxelles, les gaufres de Liège, soumises à une levée lente avec de la levure de boulanger, sont denses et moelleuses et évoquent un peu la brioche. Cette version très gourmande aux parfums de noisette et de vanille est enrichie, comme le veut la recette traditionnelle, de sucre perlé qui caramélise en cuisant. À déguster tièdes pour ne pas vous brûler la langue !

POUR 8 GAUFRES ENVIRON

- **250 g de farine de petit épeautre**
- **30 g d'arrow-root**
- **25 g de sucre intégral**
- **2 c. à café de levure de boulanger déshydratée**
- **½ c. à café de vanille en poudre**
- **130 ml de lait de noisette**
- **100 g de margarine végétale**
- **60 g de sucre perlé**

Mélanger la farine avec l'arrow-root, le sucre, la levure, une pincée de sel et la vanille. Faire tiédir très légèrement le lait et l'ajouter à la préparation ainsi que la margarine. Mélanger, puis pétrir pendant 10 minutes environ. Laisser lever pendant 1 h 30 dans un endroit tiède*. Ajouter le sucre perlé, mélanger, puis laisser lever encore 20 minutes. Prélever de grosses cuillerées de pâte et les faire cuire dans le gaufrier, selon les instructions du fabricant et sans trop serrer les plaques. Laisser tiédir avant de consommer.

PÂTE À TARTINER CHOCO-NOISETTE

- **2 c. à soupe de purée de noisette**
- **1 c. à soupe de cacao en poudre non sucré (cru si souhaité)**
- **3 c. à café de sirop de coco**
- **1 belle pincée de vanille en poudre**
- **2 c. à soupe de lait de noisette environ (ou selon la texture souhaitée)**

Mélanger la purée de noisette avec le cacao en poudre, le sirop de coco, la vanille et une pincée de sel. Ajouter juste assez de lait pour obtenir une crème souple et épaisse. Conserver au réfrigérateur.

* Astuce : vous pouvez faire lever votre pâte dans un bol sur un radiateur ou dans le four à 30 °C (ou préchauffé à 50 °C puis éteint).

GAUFRES DE LIÈGE SUPER-COCO

Amateurs de coco, cette recette est pour vous ! Cette (très) libre inspiration des gaufres de Liège renferme à la fois de l'huile, du sucre et de la poudre de noix de coco – sans oublier la merveilleuse crème de coco fouettée en topping. À servir nature, ou avec une cascade de fruits rouges.

POUR 8 GAUFRES ENVIRON

- 125 g de farine de blé type T65
- 75 g de farine de riz complet
- 50 g de coco râpée
- 30 g d'arrow-root
- 75 g de sucre de coco
- 2 c. à café de levure de boulanger déshydratée
- 60 g d'huile de coco
- 200 ml de lait de coco en boîte (à température ambiante)

Mélanger les farines avec la coco râpée, l'arrow-root, le sucre de coco et la levure. Faire fondre l'huile de coco à feu très doux (elle doit être juste tiède). Verser sur le mélange sec ainsi que le lait de coco et bien mélanger jusqu'à l'obtention d'une crème épaisse et homogène. Faire lever dans un endroit tiède pendant 1 heure environ. Faire cuire dans un gaufrier selon les instructions du fabricant, en déposant de grosses cuillerées de pâte sur les plaques huilées avec un peu d'huile de coco fondue.

CHANTILLY DE COCO (POUR UN BOL)

- 1 boîte de lait de coco
- 1 c. à soupe de sucre de coco
- 1 pincée de vanille et/ou de gingembre en poudre

Laisser la boîte reposer au réfrigérateur, tête en haut, pendant 10 heures environ. Placer un grand bol au congélateur, ainsi que les fouets d'un batteur à œufs, pendant une dizaine de minutes. Ouvrir la boîte de lait de coco, prélever la crème sur le dessus (vous pouvez recycler le petit lait resté en dessous dans un smoothie), la mettre dans le bol et battre pendant quelques minutes, jusqu'à l'obtention d'une texture de crème fouettée. Ajouter le sucre et les épices tout en continuant de fouetter pendant 1 minute. Servir de suite, avec une poche à douille si souhaité, ou placer au réfrigérateur (il vous faudra alors la fouetter quelques secondes pour retrouver sa texture initiale).

LES SUCRÉES

GAUFRETTES GINGERBREAD

Ces petites gaufrettes croquantes à la farine de seigle et aux épices sont à conserver dans une boîte en métal et à grignoter nature, avec de la confiture ou une pâte à tartiner maison à l'amande et à l'orange. À l'inverse de leurs homologues bruxelloises, elles se conservent très bien : une excellente façon de manger des gaufres chaque jour sans avoir à repasser par la case gaufrier !

POUR UNE VINGTAINE DE GAUFRETTES

• 100 g de farine de seigle • 20 g d'arrow-root • 80 g de sucre intégral • 1 c. à café d'épices à pain d'épices • 20 cl de crème végétale (riz, soja, coco...)

Mélanger la farine avec la fécule, le sucre, les épices et une pincée de sel. Ajouter la crème et bien mélanger, puis mettre au réfrigérateur pendant 1 heure. Au bout de ce temps, faire cuire dans l'appareil à gaufres équipé des plaques spéciales gaufrettes, selon les instructions du fabricant : il suffit généralement de déposer une belle cuillerée à café de pâte sur chaque carré, puis de refermer l'appareil en pressant bien et de laisser cuire le temps indiqué (quelques minutes). Si vous souhaitez rouler vos gaufres pour en faire des cigares par exemple, faites-le immédiatement car elles durcissent très vite après cuisson. Placer dans une boîte en métal et consommer dans la semaine.

PÂTE À TARTINER À L'ORANGE DOUCE

• 2 c. à soupe de purée d'amande blanche • 2 gouttes d'huile essentielle d'orange douce • 3 c. à café de sirop de coco (ou de sirop de riz) • 4 à 6 c. à soupe de jus d'orange

Mélanger la purée d'amande avec l'huile essentielle et le sirop. Tout en mélangeant, allonger avec juste assez de jus d'orange pour obtenir une crème onctueuse et lisse. Étaler comme sur des tartines, en sandwich entre deux couches de gaufrettes ou en fourrant des gaufrettes roulées façon cigares.

LES SUCRÉES

PINK GAUFRES

La recette la plus *girly* de ce livre : l'alliance de la betterave, du lait d'avoine et de purée de noix de cajou donne à ces gaufres toutes roses une incroyable douceur qui leur permet quasiment de se passer de sucre. À servir si souhaité avec de la chantilly végétale !

POUR 8 GAUFRES ENVIRON

- **150 g de farine de blé T80**
- **20 g d'arrow-root**
- **25 g de sucre blond**
- **2 c. à café de poudre à lever**
- **50 g de purée de cajou**
- **80 g de betterave cuite**
- **200 ml de lait d'avoine**

Mélanger la farine avec l'arrow-root, le sucre et la poudre à lever. Mixer la purée de cajou, la betterave et le lait jusqu'à l'obtention d'une préparation homogène. Verser petit à petit sur la farine tout en mélangeant vivement afin d'obtenir une pâte épaisse. Laisser reposer pendant 30 minutes environ. Faire cuire dans un gaufrier selon les instructions du fabricant, en huilant les plaques avec un peu d'huile végétale « spéciale cuisson ».

Variante
Vous pouvez ajouter une belle cuillerée de fruits rouges ou des petits dés de poire à votre pâte, en fin de préparation et avant la cuisson.

CROUSTI-GAUFRES À LA BIÈRE

Extraordinairement croustillantes et légères, ces gaufres sans sucre gagnent à être consommées immédiatement à la sortie du gaufrier, saupoudrées d'un voile de sucre glace ou arrosées de sirop d'érable. Selon la saveur plus ou moins prononcée de votre bière, n'hésitez pas à ajouter une pincée d'épices et/ou de cacao, voire une goutte d'huile essentielle à la pâte pour la parfumer. Vous pouvez aussi réaliser la recette en remplaçant la bière par du kombucha.

POUR 8 À 10 GAUFRES

- 200 g de farine d oe blé T65
- 2 c. à café bombées de poudre à lever
- 80 ml d'huile d'olive ou d'huile neutre supportant la cuisson
- 150 ml de lait d'amande ou d'avoine
- 110 ml de bière (ou de kombucha)

Mélanger la farine avec la poudre à lever et une pincée de sel. Ajouter l'huile d'olive, le lait et la bière petit à petit tout en mélangeant, puis laisser reposer 1 heure minimum. Faire cuire dans le gaufrier selon les instructions du fabricant, en position « croustillant » si l'appareil le permet. Déguster immédiatement.

Le kombucha
Cette boisson fermentée tire son nom du champignon avec lequel elle est fabriquée : il suffit de placer celui-ci dans du thé sucré et de laisser la magie opérer – en une dizaine de jours, le mélange se transforme en une boisson pétillante évoquant le cidre et la bière, extrêmement riche en enzymes digestives. On trouve du kombucha nature ou parfumé en magasins d'alimentation biologique, mais le mieux reste encore de le fabriquer soi-même – à condition d'arriver à se procurer un champignon !

LES SUCRÉES

SUPER HEALTHY GAUFRES AUX CÉRÉALES ACTIVÉES

J'ai découvert cette recette sur le merveilleux blog de Sarah Britton « My new roots », qui activait les céréales pour en faire des pancakes « révolutionnaires ». Ayant entendu dire que l'on pouvait aussi bien en faire des gaufres, je me suis précipitée sur mon gaufrier pour essayer – et je dois dire que ça fonctionne très bien, grâce notamment aux propriétés mucilagineuses du sarrasin. Personnellement, j'utilise des dattes et de la vanille pour leur donner un petit parfum caramélisé 100 % naturel, et je les sers avec des fruits frais de saison et ma crème cajou passe-partout – à toujours avoir sous la main… ou plutôt dans un bol au réfrigérateur. Attention, mieux vaut être équipé d'un bon blender pour réaliser ces recettes !

POUR 8 PETITES GAUFRES

- 100 g de sarrasin non torréfié
- 60 g d'une autre céréale au choix (riz, millet, amarante…)
- 1 c. à café de jus de citron
- 3 dattes
- 1 pincée de vanille en poudre
- 1 pincée de sel marin

La veille, rincer les céréales et les mettre à tremper dans un grand volume d'eau tiédie, avec le jus de citron. Couvrir avec un torchon propre et laisser reposer 12 heures à température ambiante. Bien rincer. Placer dans le bol du blender avec les dattes dénoyautées (et trempées préalablement 10 minutes dans l'eau chaude si besoin pour les ramollir), la vanille, le sel et 100 ml d'eau. Mixer longuement à puissance maximale, jusqu'à l'obtention d'une crème onctueuse. Préchauffer le gaufrier, puis faire cuire de petites louches de pâte sur les plaques enduites d'huile de coco. Si possible, utiliser la fonction « gaufres croustillantes ».

CASHEW CREAM POUR UN PETIT BOL

- 100 g de cajou
- 1 cm de racine de gingembre
- 1 grosse pincée de vanille en poudre
- 1 c. à soupe d'huile de coco
- 2 c. à café de sirop d'érable ou de coco

Faire tremper les noix de cajou dans un grand volume d'eau pendant 4 heures, puis bien les rincer. Les mettre dans le bol du blender avec la pulpe du gingembre, la vanille et 80 ml d'eau fraîche. Mixer longuement jusqu'à l'obtention d'une crème onctueuse et homogène. Ajouter l'huile de coco fondue et le sirop de coco, mixer à puissance minimum pendant quelques instants pour incorporer, puis placer au réfrigérateur pour 1 heure minimum. Conserver dans un récipient hermétique et consommer dans la semaine.

LES SUCRÉES

GAUFRES D'AUTOMNE

Des figues, de la vanille, de la farine de châtaigne et du sucre intégral pour son petit parfum de caramel : voici l'automne dans toute sa splendeur gourmande ! Si vous n'êtes pas très figues, ne vous privez pas de les remplacer par une poire découpée en petits cubes ou quelques mirabelles dénoyautées.

POUR 8 GAUFRES ENVIRON

- 140 g de farine de petit épeautre
- 60 g de farine de châtaigne
- 50 g de sucre intégral
- 2 c. à café de poudre à lever
- 260 ml de lait de soja à la vanille
- 60 ml d'huile neutre (pépin de raisin, tournesol...)
- 40 ml d'huile de noix ou de noisette
- 6 petites figues violettes

Mélanger les farines avec le sucre et la poudre à lever. Allonger petit à petit avec le lait de soja tout en mélangeant vivement, puis avec les huiles végétales. Laisser reposer pendant 30 minutes environ. Laver délicatement les figues, les découper en quatre et les ajouter à la pâte. Faire cuire dans un gaufrier selon les instructions du fabricant, en huilant les plaques avec un peu d'huile végétale « spéciale cuisson ».

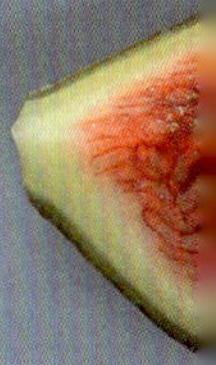

LES SUCRÉES

GAUFRES FAÇON APPLE PIE

De belles gaufres parfumées à la cannelle et à la vanille, des pommes fondantes et de la crème d'amande au sirop d'érable : cette recette ultra régressive évoque autant *l'apple pie* des Américains que notre fameuse tarte aux pommes. À déguster encore tièdes avec un bon chocolat chaud !

POUR 8 GAUFRES ENVIRON

Pour les gaufres • **120 g de farine de petit épeautre** • **80 g de farine de maïs** • **30 g de sucre intégral** • **2 c. à café bombées de poudre à lever** • **½ c. à café de cannelle en poudre** • **½ c. à café de vanille en poudre** • **250 ml de lait d'amande** • **80 g de margarine végétale**

Pour la garniture • **2 pommes** • **1 noix de margarine** • **2 c. à café de sucre intégral** • **1 pincée de cannelle en poudre**

Pour la crème • **2 c. à soupe de purée d'amande blanche** • **1,5 c. à soupe de sirop d'érable**

Préparer les gaufres : mélanger les farines avec le sucre, la poudre à lever, les épices et une pincée de sel. Ajouter le lait petit à petit tout en mélangeant vivement, puis la margarine végétale fondue. Laisser reposer pendant 30 minutes environ.

Couper les pommes en petits cubes et les faire revenir avec la margarine, le sucre et la cannelle pendant 10 minutes environ, jusqu'à ce qu'elles soient fondantes.

Mélanger la purée d'amande avec le sirop d'érable et ajouter juste assez d'eau, tout en mélangeant, pour obtenir une crème onctueuse.

Faire cuire les gaufres selon les instructions du fabricant, en huilant les plaques avec de la margarine fondue ou de l'huile végétale « spéciale cuisson ». Servir tièdes avec les pommes et la crème d'érable.

LES SUCRÉES

GAUFRES AU MUESLI

Un petit air de muesli/porridge dans ces gaufres aux flocons d'avoine, aux épices douces et à la pomme. Vous pouvez y ajouter des morceaux de fruits secs, mais attention, ceux-ci ont tendance à brûler sur les plaques : à surveiller ! Vous avez dit *hygge* ?

POUR 8 GAUFRES ENVIRON

- 50 g de flocons d'avoine petits (sans gluten si souhaité)
- 40 g de sucre intégral
- 1/3 de c. à café de cannelle en poudre
- 1/3 de c. à café de cardamome en poudre
- 1/3 de c. à café de vanille
- 1/3 de c. à café de gingembre en poudre
- 160 ml de lait d'amande
- 30 g de purée de noisette
- 40 g de farine de petit épeautre, avoine ou sarrasin
- 1 petite pomme

Mélanger les flocons, le sucre, une pincée de sel et les épices dans un grand bol. Faire chauffer le lait d'amande et la purée de noisette à feu doux afin d'obtenir un mélange homogène, puis verser sur les flocons et bien remuer. Laisser reposer pendant 20 minutes. Ajouter la farine, bien mélanger puis terminer par la pomme râpée finement. Prélever de grosses cuillerées de pâte et faire cuire dans un gaufrier selon les instructions du fabricant, en huilant les plaques avec un peu d'huile « spéciale cuisson » ou de margarine fondue et en prolongeant la cuisson quelques dizaines de secondes de plus que d'habitude, afin que les gaufres soient juste cuites à cœur. Démouler délicatement et servir tièdes ou froides.

LES SUCRÉES

TARTE AUX FRAISES

Légères, moelleuses et presque un peu briochées, ces gaufres 100 % amande au léger parfum de gingembre sont extraordinaires avec des fraises et de la crème pâtissière à la vanille. Élues gaufres de l'année par toute la famille !

POUR 8 GAUFRES ENVIRON

• 130 g de farine de blé T80 • 50 g d'amandes en poudre • 30 g d'arrow-root • 2 c. à café de poudre à lever • 50 g de sucre blond • 1 c. à café rase de gingembre en poudre • 60 g de purée d'amande blanche • 260 ml de lait d'amande ou d'avoine

Pour la crème pâtissière • 30 cl de lait d'amande • 40 g de sucre blond • ½ gousse de vanille fendue en deux et grattée, ou ½ c. à café rase de vanille en poudre • 2 c. à soupe bombées d'arrow-root, ou 3 c. à soupe d'une autre fécule • 1 pincée de curcuma • 1 c. à soupe de purée d'amande blanche • 200 g de fraises • Sucre glace

Préparer la crème pâtissière : dans une casserole, mélanger le lait d'amande avec le sucre et la vanille. Faire chauffer jusqu'à petits frémissements. Dans un bol, mélanger la fécule avec le curcuma. Ajouter un peu de lait bouillant, bien mélanger afin d'obtenir une crème homogène et reverser le tout dans la casserole. Mélanger à feu doux pendant 2 à 3 minutes, jusqu'à ce que la crème ait épaissi. Ajouter la purée d'amande en fin de cuisson. Réserver dans un bol à température ambiante.

Préparer les gaufres : mélanger la farine avec les amandes en poudre, la fécule, la poudre à lever, le sucre et le gingembre. Mixer la purée d'amande avec le lait végétal, puis verser sur le mélange sec petit à petit tout en mélangeant vivement pour obtenir une préparation homogène. Laisser reposer pendant 30 minutes environ. Faire cuire dans un gaufrier selon les instructions du fabricant, en réglant l'appareil sur l'option « moelleuses » si possible et en huilant les plaques avec un peu d'huile végétale « spéciale cuisson » ou de margarine végétale fondue. Garnir les gaufres de fraises et de crème pâtissière, saupoudrer de sucre glace et servir.

Variante

Troquez la crème pâtissière pour de la crème fouettée de coco ou de la chantilly d'aquafaba.

BANANA GAUFRES AU QUINOA

Si vous aimez le *banana bread*, elles sont pour vous : très gourmandes, ces gaufres renferment aussi du sirop d'érable, de la purée d'amande blanche et une pointe de quinoa pour bousculer les papilles. À servir avec un voile de cacao en poudre ou du chocolat fondu !

POUR 8 GAUFRES ENVIRON

- **120 g de farine de petit épeautre** • **50 g de farine de quinoa** • **30 g d'arrow-root**
- **2 c. à café bombées de levure** • **2 bananes** • **200 ml lait d'amande**
- **40 ml de sirop d'érable** • **50 g de purée d'amande blanche**

Mélanger les farines avec la fécule, la poudre à lever et une pincée de sel. Mixer les bananes avec le lait d'amande, le sirop d'érable et la purée d'amande, puis verser petit à petit sur le mélange sec tout en mélangeant vivement afin d'obtenir une texture homogène. Laisser reposer pendant 30 minutes environ. Faire cuire dans un gaufrier selon les instructions du fabricant, en graissant les plaques avec un peu d'huile neutre « spéciale cuisson » ou de margarine végétale fondue.

Variantes

En hiver, ajoutez à la pâte à gaufre des épices douces en poudre de type cannelle, cardamome ou gingembre. En été, foncez sur les fruits rouges, qui se marient très bien avec la banane (fraises, framboises, myrtilles...). Et pour une version super gourmande, truffez vos gaufres de pépites de chocolat !

LES SUCRÉES

BROWNIE WAFFLES

L'une des recettes préférées de mes enfants ! Un véritable brownie 100 % végétal au chocolat et à la purée de noisette, transformé par la magie du gaufrier en délicieuses gaufres crousti-fondantes. À déguster impérativement avec une boule de glace à la vanille.

POUR 8 GAUFRES ENVIRON

- **200 g de chocolat noir pâtissier**
- **100 g de margarine végétale**
- **50 g de purée de noisette**
- **150 g de farine de petit épeautre**
- **80 g de sucre intégral**
- **1 c. à soupe de cacao en poudre non sucré**
- **130 ml de lait de soja à la vanille**
- **25 g de noix de Grenoble ou macadamia**

Faire fondre le chocolat avec la margarine, à feu doux ou au bain-marie. Hors du feu, ajouter la purée de noisette et bien mélanger jusqu'à l'obtention d'une crème homogène. Dans un récipient, mélanger la farine avec le sucre, le cacao et une pincée de sel. Ajouter le mélange au chocolat et le lait de soja progressivement tout en remuant, afin d'obtenir une pâte bien lisse. Laisser reposer pendant 30 minutes environ. Ajouter les noix, puis faire cuire dans un gaufrier selon les instructions du fabricant, en graissant les plaques avec un peu d'huile neutre ou de margarine fondue. Régler le gaufrier sur « clair » ou raccourcir légèrement le temps de cuisson afin de ne pas brûler le chocolat.

GLACE VEGAN COCO-VANILLE POUR 4 PERSONNES

- **1 grosse c. à soupe d'huile de coco**
- **1 boîte de lait de coco (pas de lait en brique ou en bouteille)**
- **50 ml de sirop de coco, érable ou agave**
- **1 petite c. à café de vanille en poudre**

Faire fondre l'huile de coco, puis mixer longuement avec le lait de coco, le sirop de coco, et la vanille en poudre. Faire prendre en sorbetière, ou directement au congélateur en mélangeant toutes les demi-heures.

LES SUCRÉES

COOKIE-GAUFRE
SARRASIN-CHOCOLAT

Une envie soudaine de cookies mais pas le temps de les faire cuire ? Passez votre pâte au gaufrier, ça marche très bien ! Voici ma recette de cookies vegan préférée, mais libre à vous d'utiliser la vôtre – prenez juste soin de ne pas mettre trop en contact avec les plaques fruits secs ou pépites de chocolat, qui brûlent facilement.

POUR 8 À 10 COOKIES

- 90 g de farine de petit épeautre
- 40 g de farine de quinoa
- 30 g d'arrow-root
- 1 pincée de cannelle
- 60 g sucre intégral
- 60 g de purée d'amande blanche
- 40 ml d'huile d'olive
- 60 ml de lait d'amande ou de noisette
- 50 g de chocolat noir pâtissier

Dans un grand récipient, mélanger les farines avec avec la fécule, le sucre intégral, une pincée de sel et la cannelle. Ajouter la purée d'amande, l'huile d'olive et le lait, et mélanger vivement afin d'obtenir une pâte homogène. Terminer par le chocolat en pépites. Préchauffer le gaufrier et huiler les plaques avec un peu d'huile neutre « spéciale cuisson » ou d'huile d'olive. Former des boules de pâte de la taille d'une grosse noix, en enfonçant légèrement les pépites de chocolat afin qu'elles ne brûlent pas sur les plaques. Faire cuire selon les instructions du fabricant, en utilisant si possible la fonction « clair » et/ou en raccourcissant légèrement le temps de cuisson afin que le chocolat ne brûle pas : les cookies doivent être à peine dorés et encore un peu mous. Démouler très délicatement et laisser refroidir sur une grille avant de déguster.

LES SUCRÉES

GAUFRES « LOLLYPOPS » AU BEURRE DE CACAHUÈTE ET CHOCOLAT

Gaufres, sucettes ou esquimaux ? Tout ça à la fois, avec ces mini-gaufres au beurre de cacahuète enrobées de chocolat et d'amandes hachées. De vraies gourmandises, à planter sur des pics et à déguster à l'heure du goûter, ou même pour un anniversaire ! Si vous possédez des plaques pour mini-gaufres, n'hésitez pas à les utiliser pour varier la forme de vos sucettes.

POUR UNE TRENTAINE DE « SUCETTES »

- 120 g de farine de blé T80 ou de petit épeautre
- 60 g de farine de maïs
- 20 g d'arrow-root
- 40 g de sucre blond
- 2 c. à café bombées de poudre à lever
- 60 g de purée de cacahuète (non salée, non sucrée)
- 250 ml de lait d'amande (ou de lait végétal à la vanille)

Pour le coulis au chocolat
- 200 g de chocolat noir pâtissier
- 1 c. à soupe d'huile de coco
- Une quinzaine d'amandes

Préparer les gaufres : mélanger les farines avec la fécule, le sucre, une pincée de sel et la poudre à lever. Mixer la purée de cacahuète avec le lait végétal et incorporer petit à petit au mélange sec, en remuant vivement. Laisser reposer pendant 30 minutes environ. Préchauffer le gaufrier, puis disposer des cuillerées à café bombées de pâte sur les plaques bien chaudes et huilées, en les espaçant de plusieurs centimètres. Faire cuire comme indiqué par le fabricant. Pendant ce temps, faire fondre le chocolat à feu très doux ou au bain-marie avec l'huile de coco et hacher les amandes. Planter les mini-gaufres sur des pics en bois, tremper dans le chocolat fondu et parsemer d'amandes hachées. Laisser tiédir avant de déguster.

LES SALÉES

LES SALÉES

APÉRO GAUFRES

La recette la plus « simplissime » de ce livre : une pâte feuilletée, plein de petites garnitures au choix, et hop ! des mini-gaufres qui surprendront tout le monde à l'heure de l'apéro ! Bien entendu, rien ne vous interdit de les fourrer de morceaux de fruits frais ou de chocolat pour un goûter express improvisé…

POUR UNE DIZAINE DE MINI-GAUFRES

- 1 pâte feuilletée (vegan ou gluten free si souhaité)
- Garnitures au choix : tomates confites, cœurs d'artichaut, morceaux de crudités (poivron, concombre, carotte…), fromage vegan, olives, petites graines (tournesol, amandes, cajou…), herbes aromatiques (basilic, coriandre…)

Faire une boule avec la pâte feuilletée. La diviser en une dizaine de boulettes. Former un creux avec le pouce, fourrer de garnitures au choix, refermer la boule et bien rouler entre les mains. Faire cuire dans le gaufrier selon les instructions du fabricant et en huilant légèrement les plaques avec de l'huile d'olive ou neutre « spéciale cuisson ». Déguster tièdes.

GAUFRES BUTTERNUT COCO, CURCUMA

LES SALÉES

Fondantes et très douces, ces belles gaufres orangées sont une excellente façon de recycler un morceau de courge cuite. N'hésitez pas à troquer la butternut pour une autre courge au choix (chesnut, potimarron, sucrine) et n'oubliez pas la pincée de poivre (fraîchement moulu si possible) pour activer les vertus du curcuma !

POUR 8 GAUFRES ENVIRON

- **400 g de chair de butternut cuite**
- **400 g de lait de coco en boîte**
- **2 c. à café de curcuma frais râpé (ou en poudre)**
- **100 g de farine de riz complet**
- **100 g de farine de maïs**
- **2 c. à café bombées de poudre à lever**

Mixer longuement la chair de courge (sans la peau) avec le lait de coco, le curcuma, une ½ c. à café de sel et 2 belles pincées de poivre, jusqu'à l'obtention d'une préparation homogène. Ajouter les farines et la poudre à lever, bien mélanger et laisser reposer pendant 30 minutes environ. Faire cuire dans un gaufrier selon les instructions du fabricant, en huilant les plaques avec de l'huile de coco fondue : les gaufres doivent être juste dorées. Déguster chaudes ou tièdes.

Variantes

Rajoutez 1 c. à café de pâte de curry (ou 2 c. à café rases de curry en poudre) dans la préparation.

Super curcuma

Utilisée depuis des millénaires par les Indiens en médecine ayurvédique, la racine de curcuma est un véritable super-aliment, surtout lorsqu'on la consomme bien fraîche et non en poudre. Riche en vitamines et minéraux, elle est également anti-inflammatoire et digestive, surtout lorsqu'elle est associée au poivre, qui améliore la biodisponibilité de la curcumine. Elle ferait également baisser la glycémie et serait bonne pour le cerveau. On en trouve désormais facilement sur les marchés ou en magasins d'alimentation biologique ou asiatique : il n'y a plus qu'à peler son écorce et à râper sa chair, en essayant de ne pas (trop) se tacher les doigts !

LES SALÉES

GAUFRES À LA JAPONAISE

Dans ces gaufres au petit air japonisant, des algues en paillettes et du miso, mais aussi du tofu soyeux, excellent substitut au blanc d'œuf dans les recettes végétales. Ajoutez à la pâte le zeste d'un demi-citron si vous le souhaitez, et testez la recette des légumes laqués ci-dessous, magique avec quasiment tous les légumes !

POUR 8 GAUFRES ENVIRON

• **100 g de farine de blé T80** • **80 g de farine de riz complet** • **20 g d'arrow-root** • **2 c. à café bombées de poudre à lever** • **1 c. à soupe bombée de mélange d'algues séchées en paillettes** • **100 g de tofu soyeux** • **2 c. à café de miso brun (orge, riz, soja)** • **40 ml d'huile d'olive** • **20 ml d'huile de sésame grillé** • **175 ml de lait de soja**

Variante : ajoutez 1 c. à café de zestes de citron à la pâte

Mélanger les farines avec la fécule, la poudre à lever, les algues en paillettes et une pincée de sel. Mixer le tofu soyeux avec le miso, les huiles et le lait, puis incorporer petit à petit au mélange sec tout en mélangeant vivement. Laisser reposer 30 minutes environ, puis faire cuire dans un gaufrier selon les instructions du fabricant, en graissant les plaques avec un peu d'huile d'olive.

LÉGUMES LAQUÉS AU MISO BLANC

• **2 c. à soupe de miso blanc** • **1 c. à soupe de sirop d'érable** • **2 c. à soupe de tamari** • **2 c. à café de jus de citron (ou de vinaigre de riz)** • **1 c. à soupe d'huile de sésame** • **500 g de légumes au choix (carottes, chou-fleur, fenouil, aubergine)**

Mélanger le miso blanc avec le sirop d'érable, le tamari, le jus de citron et l'huile de sésame. Découper les légumes en petits morceaux ou en fleurettes, les mélanger avec la sauce en brassant bien, étaler sur une plaque chemisée de papier sulfurisé et faire cuire 30 minutes à 180 °C, en retournant à mi-cuisson. Servir avec les gaufres et de la coriandre ciselée.

LES SALÉES

GAUFRES AU MILLET ET AU THYM

Idéales pour recycler un reste de céréales cuites, ces gaufres ont une texture inimitable, onctueuses à cœur et légèrement croustillantes sur l'extérieur. Nous les avons terminées froides, coupées en petits carrés à l'heure de l'apéro : tout aussi délicieuses ! Ne vous privez pas de faire des tests avec d'autres céréales (riz, sarrasin, amarante…) et de les garnir avec ce qui vous chante.

POUR 6 À 8 GAUFRES

- 80 g de millet cru (ou 250 g de millet cuit)
- 30 g d'arrow-root ou autre fécule
- 1 grosse c. à café de bouillon végétal en poudre (ou ½ cube émietté finement)
- 1 gousse d'ail
- 1 c. à café de moutarde
- 50 g de crème de soja
- 100 ml de lait de soja
- 2 c. à soupe d'huile d'olive
- 5 branches de thym (ou 1 petite c. à soupe de thym séché)

Torréfier le millet quelques minutes dans une grande casserole sans matière grasse, puis couvrir d'eau jusqu'à 2 cm au-dessus, et laisser cuire à petit feu et à couvert jusqu'à ce que toute l'eau soit absorbée (15 minutes environ). Ôter du feu et laisser reposer encore 5 minutes à couvert. Mélanger le millet avec la fécule, le bouillon, l'ail dégermé et écrasé, la moutarde et la crème de soja. Allonger petit à petit avec le lait et l'huile d'olive, tout en mélangeant vivement afin d'obtenir une préparation homogène. Saler et poivrer, ajouter les feuilles de thym. Faire cuire de petites gaufres dans le gaufrier selon les instructions du fabricant, en huilant les plaques avec un peu d'huile d'olive.

GREEN GAUFRES

Ces jolies gaufres printanières sont truffées de petits légumes primeurs pour fêter l'arrivée des beaux jours. À vous d'y ajouter tout ce qui vous passe sous la main – à condition que ce soit vert ! Et n'oubliez pas les herbes aromatiques et les fanes de radis, de carottes…

POUR 8 GAUFRES ENVIRON

- 200 g de farine de blé
- 2 c. à café de poudre à lever
- 1 c. à café de bouillon végétal en poudre
- 1 petite c. à café de thym séché
- 250 g de lait de soja
- 50 g de margarine végétale
- 2 grosses poignées de feuilles d'épinards
- 1 c. à soupe d'huile d'olive
- 100 g de petits pois (frais ou surgelés)
- 1 oignon blanc

Dans un grand récipient, mélanger la farine avec la poudre à lever, une grosse pincée de sel et le thym. Ajouter le lait petit à petit tout en mélangeant vivement, puis la margarine fondue. Laisser reposer pendant 30 minutes environ.
Pendant ce temps, laver les feuilles d'épinards, jeter les parties des tiges les plus épaisses et faire tomber dans une casserole avec l'huile d'olive pendant 5 minutes environ. Saler légèrement. Faire cuire les petits pois dans une casserole d'eau bouillante pendant 10 à 15 minutes : ils doivent rester *al dente*. Éplucher et émincer finement l'oignon. Incorporer délicatement les légumes à la pâte. Faire cuire dans un gaufrier selon les instructions du fabricant, en huilant les plaques avec un peu d'huile d'olive ou de margarine fondue. Servir rapidement.

LES SALÉES

POTATO GAUFRES À LA SAVOYARDE

Quelques pommes de terre qui traînent au fond du panier ? Essayez vite ces gaufres étonnamment crousti-moelleuses au petit air montagnard : de l'oignon, de la muscade et l'irrésistible alliance faux-magère de la purée d'amande et de la levure maltée… Et le meilleur pour la fin : inutile de faire précuire les pommes de terre, vous pourrez passer à table dans 20 minutes !

POUR 8 GAUFRES ENVIRON

• 250 g de pommes de terre (200 g épluchées) • ½ oignon jaune • 80 g de farine de riz complet • 2 c. à café bombées de poudre à lever 2 c. à soupe de levure maltée • 1 grosse pincée de muscade en poudre • 1 grosse pincée d'ail en poudre • 120 ml de lait d'avoine ou de soja • 1 c. à soupe de purée d'amande blanche • 30 ml d'huile d'olive

Éplucher les pommes de terre, les laver, les essuyer avec un linge propre et les râper finement. Émincer finement l'oignon. Dans un récipient, mélanger la farine, la poudre à lever, la levure maltée, ½ c. à café de sel, la muscade et l'ail. Mixer le lait végétal avec la purée d'amande et verser petit à petit sur le mélange sec tout en mélangeant vivement, afin d'obtenir une préparation homogène. Ajouter l'huile, puis les pommes de terre et l'oignon, en mélangeant bien entre chaque. Laisser reposer pendant 30 minutes, puis faire cuire dans un gaufrier selon les instructions du fabricant (position « croustillant » si possible), en huilant les plaques avec un peu d'huile d'olive et en prolongeant un peu le temps de cuisson afin d'obtenir des gaufres cuites à cœur. Servir bien chaudes.

Astuce

Pour une version très tartiflette, faites revenir 100 g de tofu fumé découpé en petits lardons dans un peu d'huile d'olive ou de margarine végétale et ajoutez-les à la pâte à gaufre, en même temps que les pommes de terre.

LES SALÉES

AVOCADO GAUFRES

Cette recette réunit deux tendances lourdes de la green cuisine : le célébrissime *avocado toast* et la gaufre vegan. Ici, l'avocat est monté en chantilly végétale pour un maximum de légèreté, tandis que la gaufre est délicatement parfumée au sésame et aux zestes de citron. À déguster dès le petit déjeuner, comme une véritable *healthy foodista* !

POUR 8 GAUFRES ENVIRON

Pour les gaufres • **120 g de farine de blé T80** • **80 g de farine de riz complet** • **20 g d'arrow-root** • **2 c. à café bombées de poudre à lever** • **Le zeste d'1 citron** • **60 g de tahin** • **260 ml de lait de soja** • **2 c. à soupe d'huile d'olive**

Pour la chantilly d'avocat • **2 gros avocats** • **120 g de tofu soyeux** • **1 belle pincée de sel** • **3 c. à café de jus de citron** • **1 c. à soupe de coriandre fraîche**

Préparer les gaufres : mélanger les farines avec la fécule, la poudre à lever, ½ c. à café de sel et le zeste de citron. Mixer le tahin avec le lait de soja et verser sur la farine ainsi que l'huile d'olive, tout en mélangeant vivement afin d'obtenir un mélange lisse et homogène. Laisser reposer 30 minutes environ. Faire cuire dans un gaufrier selon les instructions du fabricant, en graissant les plaques avec un peu d'huile d'olive.

Pendant ce temps, mixer longuement la chair d'avocat avec le tofu soyeux, le sel et le jus de citron, afin d'obtenir une texture de crème fouettée bien lisse.

Servir les gaufres avec la chantilly d'avocat (utiliser une poche à douille pour un résultat plus esthétique) et parsemer de coriandre fraîche.

LES SALÉES

FALAFEL GAUFRES

Dans cette recette hybride entre falafels et socca niçoise, il y a de la farine de pois chiche, mais aussi du sésame et plein d'herbes fraîches. Pour un repas 100 % pois chiches, accompagnez-la d'houmous à la butternut !

POUR 8 GAUFRES ENVIRON

• 180 g de farine de pois chiche • 30 g d'arrow-root • Coriandre en poudre • Cumin en poudre • 2 c. à café bombées de poudre à lever • Graines de sésame • 220 ml de lait d'avoine • 80 ml d'huile d'olive + 1 c. à soupe • 1 petit oignon jaune • 2 c. à soupe de coriandre fraîche • 1 c. à soupe de persil frais

Mélanger la farine avec la fécule, les épices en poudre, la poudre à lever et les graines de sésame (préalablement toastées 2 à 3 minutes à la poêle si souhaité). Saler et poivrer. Ajouter le lait d'avoine et l'huile d'olive tout en mélangeant vivement pour obtenir une préparation homogène. Faire blondir l'oignon épluché et émincé dans 1 cuillerée à soupe d'huile d'olive et ajouter à la pâte à gaufre ainsi que la coriandre et le persil ciselés finement. Laisser reposer pendant 30 minutes environ. Faire cuire dans un gaufrier selon les instructions du fabricant, en huilant les plaques avec un peu d'huile d'olive.

HOUMOUS DE BUTTERNUT POUR UN BOL

• 245 g de pois chiches cuits • 175 g de chair de butternut cuite • ½ c. à café de cumin moulu • Sel et poivre • 3 c. à soupe d'huile d'olive

Rincer les pois chiches s'ils sont en boîte ou en bocal, puis les mixer longuement avec les autres ingrédients. Ajouter un peu d'huile d'olive si souhaité. Conserver au réfrigérateur et consommer dans la semaine.

GAUFRES ITALIENNES

LES SALÉES

TOMATE ET BASILIC

De jolies gaufres parfumées qui sentent bon l'été : tomates, ail et origan se marient aux feuilles de basilic fraîches dans une pâte à l'huile d'olive... À consommer avec un peu de pesto home made en pique-nique ou, version mini, à l'heure de l'apéro !

POUR 8 GAUFRES ENVIRON

- 200 g de farine de blé T80
- 2 c. à café bombées de poudre à lever
- 1 grosse pincée d'origan
- 1 pincée de piment d'Espelette
- 250 ml de lait de soja
- 125 ml d'huile d'olive + un peu pour la cuisson
- 2 belles tomates
- 5 à 10 feuilles de basilic (selon leur taille)
- 1 gousse d'ail

Dans un récipient, mélanger la farine avec une pincée de sel, la poudre à lever et les épices. Ajouter le lait et l'huile d'olive petit à petit tout en mélangeant vivement afin d'obtenir une texture homogène. Laisser reposer pendant 30 minutes environ. Pendant ce temps, couper les tomates en petits dés, hacher le basilic et écraser la gousse d'ail épluchée et dégermée. Mélanger dans un bol. Mélanger délicatement avec la pâte et faire cuire dans un gaufrier selon les instructions du fabricant, en huilant les plaques avec un peu d'huile d'olive.

Suggestion

Pour une version nomade, découpez ces gaufres en petits carrés et servez-les en mini-sandwiches avec de la mozzarella végétale et des feuilles de basilic fraîches.

Idée topping : pesto basilic et tournesol

Écraser un bouquet de feuilles de basilic lavées et séchées dans un mortier avec une petite gousse d'ail épluchée et dégermée. Ajouter 1 cuillerée à soupe de graines de tournesol toastées quelques instants à la poêle et 2 cuillerées à café de levure maltée et broyer à nouveau, puis allonger avec autant d'huile d'olive que souhaité.

GAUFRES TACOS

LES SALÉES

Dans ces tacos super gourmands, les tortillas sont remplacées par des gaufres moelleuses à la farine de maïs, à la tomate et au chili pour un esprit 100 % tex-mex. En guise de garniture, un haché végétal au soja et une crème onctueuse à la noix de cajou. Idéales en cas de grosse faim !

POUR 6 À 8 GAUFRES

Pour les gaufres • **120 g de farine de blé T80 • 80 g de farine de maïs • 1 c. à soupe de tomates en poudre • 1 petite c. à café de mélange chili en poudre • ½ c. à café de curcuma (facultatif, pour la couleur) • ½ c. à café de sel • 230 ml de lait de soja • 70 ml d'huile d'olive**

Pour le haché végétal • **1 grand bol de bouillon bien corsé • 75 g de protéines de soja texturées (petites de préférence) • 1 c. à soupe d'huile d'olive • 1 petit oignon rouge • 300 g de tomates pelées au naturel • 1 c. à soupe de coriandre ciselée**

Pour la crème • **1 c. à soupe de purée de noix de cajou • 1,5 c. à soupe de jus de citron • 1 petite gousse d'ail • ½ c. à café rase de mélange chili en poudre**

Préparer le haché végétal : porter le bouillon jusqu'à frémissement, puis verser sur les protéines de soja dans un bol et laisser tremper pendant 20 minutes environ. Au bout de ce temps, égoutter les protéines de soja, puis les faire revenir 5 minutes dans une poêle avec l'huile d'olive bien chaude et l'oignon émincé. Ajouter les tomates et laisser cuire encore 10 à 15 minutes, à feu moyen, jusqu'à l'obtention d'un hachis crémeux.

Préparer la crème : mélanger la purée de noix de cajou avec le jus de citron, l'ail dégermé et écrasé, et le chili. Allonger avec juste assez d'eau pour obtenir une crème onctueuse et homogène. Saler légèrement.

Préparer les gaufres : mélanger les farines avec la tomate en poudre, le chili, le curcuma et une pincée de sel. Ajouter le lait de soja et l'huile d'olive petit à petit en mélangeant vivement. Faire cuire dans un gaufrier selon les instructions du fabricant, en huilant les plaques avec un peu d'huile d'olive et en étalant légèrement la pâte de façon à lui donner une forme ovale. Laisser les gaufres ramollir pendant quelques minutes, puis les garnir de haché végétal et de crème de cajou. Saupoudrer de coriandre et servir.

Achevé
d'imprimer en
janvier 2018